RHEINISCHE FACHHOCHSCHULE KÖLN

University of Applied Sciences

Fachbereich: Ingenieurwesen

Studiengang: Wirtschaftsingenieurwesen (B.Eng)

Projektarbeit

Risikomanagement

Vorgelegt von: XXXXXXXX
XXXXXXXX

1. Prüfer: Prof. Dr.-Ing. XXXX

Sommersemester 2016

Inhaltsverzeichnis

1 Einleitung 1
    1.1 Zieldefinition 2
    1.2 Problematik 2
    1.3 Vorgehensweise 3

2 Risikomanagement 4
    2.1 Definition Risikomanagement in Bezug auf ein Beispiel 4
    2.2 Risikomanagementprozess 8

3 Kategorien von Projektrisiken 16

4 Werkzeuge zur Identifizierung von Projektrisiken 26
    Kreative Risikoidentifizierungsmethoden 26
        4.2 Analytische Risikoidentifikationsmethoden 29

5. Maßnahmen im Umgang mit Risiken im Projektmanagement 35
    5.1 Risikoverminderung 36
    5.2 Risikoverringerung 36
    5.3 Risikoabwälzung 36
    5.4 Risikoakzeptanz 37

6 Einführung des Risikomanagements in das Projektmanagement 38
    6.1 Risikobeauftragter 38
    6.2 Risikokultur 39
    6.3 Identifikation und Bewertung 40
    6.4 Risikostrategie und Maßnahmen 41
    6.5 Maßnahmen auf die eintretenden Risiken 41
    6.6 Risikoüberwachung 42

7 Konklusion 43

Quellenverzeichnis 45

Tabellenverzeichnis 49

Darstellungsverzeichnis 50

Erklärung 51

1 Einleitung

In unserer Ausarbeitung befassen wir uns mit dem Thema Risikomanagement. In diesem Zusammenhang verdeutlichen wir das Thema anhand einer reellen Problemstellung. Da sich unsere Vorlesung mit dem Thema Projektmanagement befasst, haben wir uns entschieden eine Problemstellung für das Thema Risikomanagement darzustellen.

Was ist ein Risiko?

Risiken = Chancen

- Risiko ist ein unbeabsichtigtes Ereignis bzw. Krise, welches mit einer bestimmten Wahrscheinlichkeit eintreten und sich auf die Qualität des Produktes auswirken kann Gefahr von Verlust, Fehlern, Gefährdung
- Risiken können Projektziele gefährden und scheitern lassen Leistungsumfang, Qualität, Kosten, Termine
- Es ist wichtig, Risiken frühzeitig zu erkennen und dagegen vorgehen (so gut es geht zu minimieren), bevor die Probleme auftreten und sich auf das Projektziel auswirken

Warum Risikomanagement?

- Um für Krisen gerüstet zu sein
- ist eine Methode zur Absicherung und Schadensminimierung
- Risiken bestehen immer
- Ziel ist ein gutes Kosten - Nutzen – Verhältnis

<u>Abläufe Risikomanagement</u>

- Risikoanalyse
  - Risikoermittlung /-identifikation
- Risikobewertung
  - Risikopriorisierung
- Risikosteuerung
  - Risikokontrolle
  - Planung von Gegenmaßnahmen
- Risikoüberwachung
  - das eigentliche „Management"[1]

1.1 Zieldefinition

Das Ziel ist: „Frühzeitig Probleme zu identifizieren."
Es soll hiermit ein Verständnis geschaffen werden, wie wichtig Risikomanagement in Projekten ist. Um auf die Probleme richtig zu reagieren, werden die Vorgehensweisen und Mittel vorgestellt, die den ersten Eindruck und die Bedeutung des Risikomanagements verdeutlichen sollen.

1.2 Problematik

Man wird fast täglich mit Risiken in Verbindung gebracht. Ob beim Sport, auf der Arbeit, (wichtige) Entscheidungen treffen und andere menschliche Tätigkeiten beinhalten Risiken. Hierbei muss genau überlegt werden.

---

[1] https://www.ostfalia.de/export/sites/default/de/pws/meyer/lehrveranstaltungen/ma_projektmanagement/projektmanagement_unterlagen/Folien_Risikomanagement.pdf

Wirtschaftliche Tiefen bzw. Krisen zeigen, dass selbst Nationen und wichtige Banken Risiken eingehen, da sie von kleinen Entwicklungen anderer Länder abhängig sind. Smarte Unternehmen gehen keine unnötigen Risiken ein, ohne diese vorher analysiert und bewertet zu haben. Notwendige Ergebnisse eingegangener Risiken sind Gewinn, Wachstum und sonstige Entwicklungen. Zudem sollten Unternehmen möglichst geringe negative Konsequenzen nach sich ziehen, damit keine größeren Schäden entstehen und keine Existenz auf dem Spiel steht. Durch das Unwissen vieler Projektleiter im Bereich des Risikomanagements, führt es auf Dauer zu schweren finanziellen Problemen.

1.3 Vorgehensweise

In diesem Projekt werden die Schwerpunkte auf ausgewählte Risiken gelegt und verdeutlicht. Damit der Einstieg in das Risikomanagement leicht dargestellt werden kann, wird es anhand von kleineren Projekten erläutert.

2 Risikomanagement

2.1 Definition Risikomanagement in Bezug auf ein Beispiel

Hierfür nehmen wir das Beispiel in Bezug auf das Thema Risikomanagement mit Sommerreifen:

Herr Müller verlässt das Haus und steigt in seinen Wagen. Es hat über Nacht geschneit, doch der Wagen hat noch Sommerreifen. Herr Müller hat ein Problem: Der Weg führt über einen Hügel, aber mit Sommerreifen hat er keine Chance, über den Hügel zu kommen. Und jetzt sind die Werkstätten natürlich vollkommen überlaufen. Die Reifen können erst in zwei Wochen gewechselt werden. Anhand diesen Beispiels werden viele Probleme absehbar lokalisiert, wenn man sich nur früh genug mit den Gedanken beschäftigt. Außerdem ist das Risiko ein potentielles Problem, das noch nicht eingetreten ist, das aber eintreten könnte. Risiken sind in der Regel einfacher zu bekämpfen als die Probleme![2] Ergo können Risiken auch als mögliche Ereignisse oder Situationen bezeichnet werden, welche gegenüber den ursprünglichen Plänen in Projekten, negative Folgen bzw. Toleranzen mit sich bringen. Risiken stellen somit eine Bedrohung der Projekte und dem Erreichen bestimmter Ziele dar.

Im Risikomanagement wird nicht erst bis zur Ausführungsphase gewartet um spontan reagieren zu können, es beginnt hier schon weit vorher in der Planungsphase (kann bis zu 80% der Projektzeit in Anspruch nehmen).

---

[2] Vgl.https://www.pst.ifi.lmu.de/lehre/WS0607/pm/vorlesung/PM-08-Risiko-Aenderung-Konfiguration.pdf

Mit Hilfe von Werkzeugen werden hier systematisch nach Risiken und Chancen (Verbesserungen) gesucht.

→ Schnelle Reaktion auf Abweichungen im Projektverlauf, d.h. Kosten werden drastisch gesenkt

Ein weiteres Beispiel wäre:

„Fast die Hälfte der Ingenieurstudenten

verlässt die Uni ohne Abschluss"[3]

Der angeführte Titel der Zeitausgabe bezieht sich mit dieser Aussage zwar auf die Universitäten und auf die Ingenieurwissenschaften insgesamt, (in Bezug auf den Studiengang Elektrotechnik liegt die Zahl der Abbruchquote laut entsprechendem Artikel bei 53 %) dennoch sind die aufgeworfenen Thesen hochschulübergreifender Diskussionsgegenstand, wenn auch unterschiedlich stark ausgeprägt. Offensichtlich ist das Risiko des Studienabbruchs als hoch einzustufen.

Das Eintreten eines Risikos kann Projektziele demnach also gefährden und ihre Qualität oder den Leistungsumfang mindern, zusätzliche Kosten verursachen oder Termine verschieben und somit Zeit raubend sein. Dieses Kapitel beleuchtet das Risikomanagement in Bezug auf die eigene Studienplanung. Ausgehend von der Zielsetzung geht es primär um das Verständnis und die Fähigkeit, die hier vorgestellten Maßnahmen zum Thema Risikomanagement anwenden zu können:

---

[3] Jan-MArtin Wiarda, 24. Mai 2012 DIE ZEIT Nr. 22/2012

1. Risiken frühzeitig zu erkennen (Risikoquellen)
2. minimieren bzw. vorbeugende Maßnahmen definieren
3. Im Eintrittsfall die Auswirkungen begrenzen

Daher versteht sich dieser Abschnitt mehr als praktischer Leitfaden und weniger als theoretische Abhandlung der Thematik. Um anschaulich zu bleiben, wird der Fokus auf die Faktoren „Berufsleben" und „Freizeit" als potentielle Risikoquellen gelegt. Beides wird hier als internes Risiko betrachtet.

Das Risiko soll als das „Zusammenspiel der eintretenden Wahrscheinlichkeit Schaden verursachender Geschehnisse und der daraus resultierender Schadenshöhe"[4] definiert werden. Die Schadenshöhe kann von gering (Einfrieren der Note) bis hin zu schwerwiegenden Konsequenzen (Zwangsexmatrikulation) eingestuft werden.

Die Planung ist im Projektmanagement elementar. In der Definitionsphase wird das eigentliche Ziel festgelegt: „Die Semesterplanung für die ersten vier Semester". Ausgehend davon, wie der Erfolg definiert wird (beispielsweise „nur" das Erreichen der geforderten Creditpoints (bestehen) oder ein bestimmter Notendurchschnitt), können sich die Risikoanalysen etwas unterscheiden. Um diese frühzeitig zu erkennen und richtig einzuordnen, ist es sinnvoll, die Risikoquellen im Vorfeld abzuklopfen.

Klassisch werden diese grob in vier verschiedene Bereiche gegliedert: **Fachliche-, Kaufmännische-, Planerische- und Umfeld-Risiken.**

---

[4] http://www.wiley-vch.de/books/sample/3527505431

Stellvertretend für alle visuellen Darstellungen, wird die Risikomatrix eingeführt und vorgestellt.

		S1	S2	S3	S4
Eintrittswahrscheinlichkeit	W4	niedrig	mittel	hoch	hoch
	W3	niedrig	mittel	mittel	hoch
	W2	niedrig	niedrig	mittel	mittel
	W1	niedrig	niedrig	niedrig	niedrig
		\multicolumn{4}{c}{Schadensausmaß}			

Abbildung 1: Risikomatrix[5]

Diese Matrix setzt die Eintrittswahrscheinlichkeit und das Schadensausmaß in Relation.

In entsprechendem Beispiel ist davon auszugehen, dass das berufliche Leben des Protagonisten 15 Stunden pro Woche nicht überschreiten darf.

<u>Typische Fehler in Bezug auf die Zeitplanung</u>

Der zeitliche Aufwand für das Berufsleben in Relation zum zeitlichen Aufwand für die Module des entsprechenden Studiengangs werden nicht geprüft. Eine solche Matrix kann eine Hilfestellung sein, um dies frühzeitig zu erkennen und zu bewerten.

Maßnahmen: Eigene Planung realistisch einschätzen - Zeitpuffer einplanen

---

[5] *http://e-journal-of-pbr.info/wiki/images/d/d1/WI10A_GlHeKaRoSc_Risikomatrix.png*

2.2 Risikomanagementprozess

Das Risikomanagement agiert im Gegensatz zum Projektmanagement als solches präventiv auf potenzielle Projektrisiken um diesen im Voraus entgegenzusteuern, dabei wird eine Transparenz über die allgemeine Risikosituation des Projektes gebildet. Die Erklärung des Projektziels bildet die elementare Basis für den gesamten Prozess, seine Methoden und die einhergehenden Vorgehensweisen zur Risikominderung.

Ein wirkungsvolles Risikomanagement wird in einem systematischen und geschlossenen Regelkreis durchgeführt, welcher sich ständig wiederholt.

Der Prozess startet bei Beginn des Projekts (Angebotsphase) und endet mit dem Abschluss des Projekts (Vollständigkeit aller im Projekt anfallenden Aufgaben).

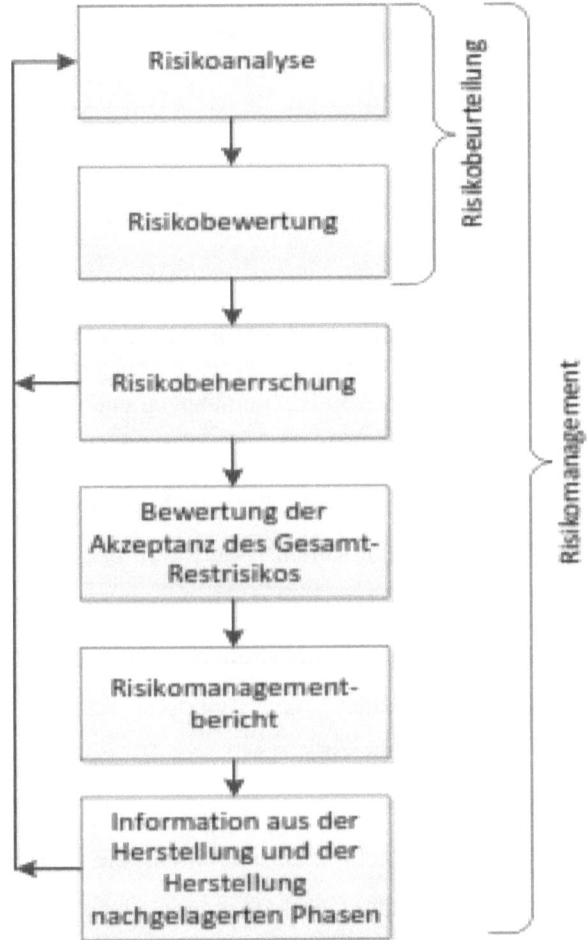

Abbildung 2: Prozess Risikomanagement[6]

- Identifizierte Gefahren beschreiben
- Risikoanalyse durchführen (RPN)

---

[6] Vgl.https://www.ihk-berlin.de/blob/bihk24/produktmarken/Service-und-Beratung/Innovation/Praxistipps_Innovation_und_Wissenschaft/Download/2263332/62353bd3873e1faf64069e3953fe7ecd/Prozesse_des_Risikomanagements-data.pdf, Seite 21

- Risikobewertung durchführen
- Maßnahmen zur Risikoreduktion festlegen
- Restrisiko bewerten
- Risikomanagement-Status berichten
- Risikoüberwachung
- Dokumentation

2.1.1 Strategischer Risikomanagementprozess

Beinhaltet die Formulierung von Risikomanagementzielen in Form einer „Risikopolitik[7]" bzw. „Risikostrategie". Zunächst müssen die Grundlagen der Rahmenbedingungen (Risk Policy Statement), Organisation (Funktionen, Verantwortlichkeiten und Informationsfluss) und Prozessphasen definiert werden.

Hierbei wird der Umgang im Unternehmen gefördert, damit potenzielle Risiken im Team erkannt und gelöst werden. Sollte das Risikomanagement zu Beginn ignoriert werden, könnte es im späteren Verlauf zu Problemen kommen.

Unter Risikostrategie versteht man allgemein die Beschreibung des Umgangs mit den sich aus der Geschäftsstrategie resultierenden Risiken. Dabei soll sie so gestaltet sein, dass sich die operative Steuerung der Risiken an diese anknüpfen. Die Risikostrategie [8]muss auf:

---

[7] Vgl.https://www.risknet.de/wissen/glossar/risikomanagementprozess/68ad74a5f5f3fe78105b1207b6511d27/?tx_contagged%5Bsource%5D=default

[8] Vgl.https://www.risknet.de/wissen/glossar/risikostrategie/daeb39dce812f5f391bcbe84cb3be0c2/?tx_contagged%5Bsource%5D=default

- die Art (Welche Risiken sollen eingegangen werden?)
- die Risikotoleranz (Welche Höhe des Risikos wird gewählt?)
- die Herkunft (Woher stammt das Risiko?)
- den Zeithorizont der Risiken (Welche Risiken in welcher Zeitperiode?)
- die Risikotragfähigkeit

eingehen.

2.1.2 Der operative Risikomanagementprozess

Der operative Risikomanagement-Prozess enthält den Prozess der systematischen und laufenden Risikoanalyse. Ziel der Risikoidentifikation ist die vorzeitig vollständige Erfassung aller Risikoquellen, Schadensursachen und Störpotenzialen und setzt sich aus den folgenden vier Schritten zusammen:

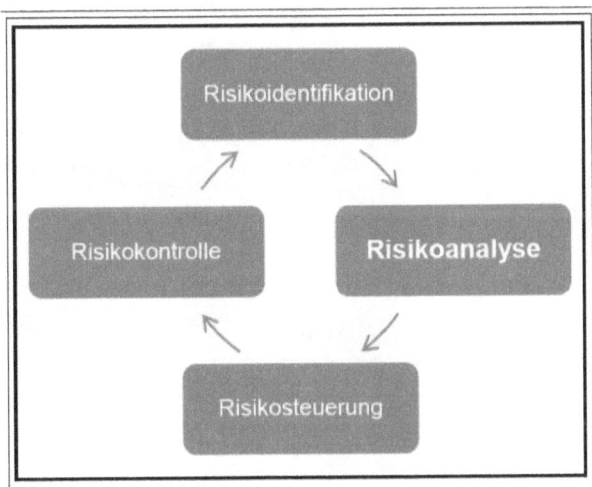

Abbildung 3: 4-Schritte des Risikomanagementprozesses

2.1.3 a) Risikoidentifizierung

Sie bildet die erste und wichtigste Prozessphase im Risikomanagementprozesses. Hierbei wird ausnahmslos im Team gearbeitet, da dies vielschichtig und der Qualitätsanspruch hoch ist. Dadurch das jedes Teammitglied andere wertvolle Kompetenzen hat, ist die Wahrscheinlichkeit Risiken nicht zu erkennen bzw. zu finden hier eher gering. Ziel ist, die Risikoquellen des gesamten Unternehmens sowie alle Funktionsbereiche möglichst vollständig zu erfassen. Eine mögliche Zielverfehlung wird durch Vollständigkeit der Risikoliste minimiert (Z.B. Checklistenmethode). Durch vergangene bereits abgeschlossene Projekte, können hier schneller Risiken bei der Planung erkannt werden.

2.1.4 b) Risikoanalyse

Bei der Risikoanalyse zu Projektbeginn werden die möglichen Risiken für das Projekt hinsichtlich Eintrittswahrscheinlichkeit und Auswirkung bewertet und Maßnahmen zu ihrer Behandlung festgelegt.

Die Risikoanalyse teilt die einzelnen Risiken ein, gewichtet diese und stellt danach ein zusammenhängendes System zwischen ihnen her.

→ Grundlage für Maßnahmenplanung[9]

---

[9] Risikomanagementsystem im Unternehmen: Grundlagen mit zahlreichen Beispielen, Repetitionsfragen und Antworten – Bruno Wiederkehr, Rita- Maria Züger Compendio Bildungsmedien AG - 2010 - S.29

Um die Größe des Risikos festzulegen, wird die Wahrscheinlichkeit sowohl beim Eintritt, als auch bei den Auswirkungen durchgeführt.

Um Risiken weitgehend auf eine vergleichbare Größe zu reduzieren wird in der Regel anschließend ein Erwartungswert gebildet.

*Erwartungswert = Eintrittswahrscheinlichkeit * Auswirkung auf das Projekt*[10]

Insofern praktische Erkenntnisse in Form von Daten und Fakten über Risiken vorhanden sind, werden diese quantitativ, andernfalls qualitativ, bewertet. Ein Imageverlust beispielsweise lässt sich aufgrund fehlender Informationen über den Schadensausmaß nur qualitativ bewerten.

Im Folgenden wird eine vereinfachte Form der Risikoanalyse dargestellt.

Risiko	Wahrscheinlichkeit	Auswirkung	Erwartungswert	Maßnahme
Risiko 1				
Risiko 2				
Risiko 3				

Abbildung 4: Risikoanalyse

Die Eintrittswahrscheinlichkeit lässt sich mittels eines einfachen Punktesystems oder Prozentsatzsystems beurteilen. Ist die Wahrscheinlichkeit des Risikoeintritts groß, so wird in die Tabelle eine hohe Punktzahl bzw. ein hoher Prozentsatz eingetragen. Bei einer geringen Wahrscheinlichkeit werden, allerdings niedrige Werte

---

[10] DIN IEC 62198 Risikomanagement für Projekte Anwendungsleitfaden

verwendet.

Wahrscheinlichkeit	Punkte	Prozent
Sehr hoch	5	90%
eher hoch bis hoch	4	70%
mittel	3	50%
eher gering	2	30%
sehr gering	1	10%

Abbildung 5: Punktesystem

2.1.5 c) Risikosteuerung

Nachdem die Analyse abgeschlossen ist, folgt darauf die Behandlung der Risiken, wobei hier die Maßnahmen zwischen Risikovorbeugung und Risikovorsorge unterteilt werden können.

Risikovorbeugung → Maßnahmen, die Eintritt des Risikos ausschließen

Risikovorsorge → Maßnahmen zur Schadensbehebung, falls Eintritt nicht

ausgeschlossen werden kann

2.1.6 d) Risikokontrolle (Fortbestehender Prozess)

Hier werden die Projektrisiken überwacht und gesteuert. Er beginnt direkt nach der Identifizierung von Projektrisiken und endet erst, wenn das Projekt vollständig erledigt ist. Ein angemessenes Risikocontrolling stellt die zur Entscheidungsfindung der Maßnahmenumsetzung benötigten Informationen rechtzeitig zur Verfügung, d.h., bevor das jeweilige Risiko eintritt. Darum ist für ein erfolgreiches Risikocontrolling eine gut strukturierte und funktionierende Kommunikation das A und O.

Die Aufgaben des Controllings bestehen aus[11]:

- Regelmäßige Überwachung der identifizierten Projektrisiken (inkl. Eintrittswahrscheinlichkeit und Tragweite)
  - Umsetzen der Risikomaßnahmen
  - Überwachen der Wirksamkeit der Risikomaßnahmen
  - Überwachen der Restrisiken
  - Identifizieren und Analysieren neuer Risiken (z.B. bei Änderungen im Projektverlauf)

---

[11] https://www.risknet.de/wissen/risk-management-prozess/

3 Kategorien von Projektrisiken

Projekte sind aufgrund ihrer Neuheit und Komplexität in ihrem Verlauf schwer einschätzbar und somit großen Unsicherheiten unterworfen, die den Projektverlauf stören können und damit ein Risiko für das Projekt darstellen. Zu Projektbeginn sollten daher mögliche Schwierigkeiten und Gefahren identifiziert werden, die während des Projektverlaufs auftreten können.

Beispiele für Projektrisiken sind

- die fehlenden oder nicht ausreichenden Kompetenzen für die Ausführung,
- zu geringe Ressourcen, wie fehlende Mitarbeiter oder Maschinenkapazitäten,
- fehlende Geldmittel,
- Terminverzögerungen durch unvorhersehbare Ereignisse,
- mangelnde Qualität, z.B. bei unzureichend geschulten Mitarbeitern oder zu billigen Materialien.

Hat man mögliche Probleme von Anfang an im Blick, können möglicherweise bereits zu Beginn Strategien für den Umgang mit diesen Problemen festgelegt werden. Ggf. kann das Risiko eines Auftretens bereits zu Beginn durch geeignete Maßnahmen verringert werden oder es können Maßnahmen festgelegt werden, die beim tatsächlichen Eintreten eines solchen Risikos eingeleitet werden können, um eine schnellere Reaktion zu ermöglichen.

Daher sollten neben der Auflistung von Risiken auch folgende Aspekte analysiert werden:

- Wahrscheinlichkeit des Auftretens von Problemen
- Auswirkungen beim Auftreten der Probleme
- Maßnahmen, um das Risiko zu verringern
- Maßnahmen beim tatsächlichen Eintreten eines Risiko

3.1.1 Kategorien von Projektrisiken

Das nächste Kapitel befasst sich mit verschiedenen Risikoarten eines Projektes, sowie der möglichen Unterteilungen der Risiken. Des Weiteren wird ein Praxisbeispiel vorgestellt, welches den theoretischen Ansatz transferiert.

Sämtliche Projekte schließen aufgrund ihrer Vielsichtigkeit verschiedene Risiken in sich ein. Jegliche Risiken können bestehende Kosten erhöhen, Bearbeitungszeiten verlängern, die Qualität verschlechtern und somit die geplante Zielerreichung gefährden. Um solche Risiken vorzubeugen, ist es notwendig diese zu Beginn eines Projektes zu identifizieren, bewerten und gegebenenfalls zu verhindern. Projektrisiken können nach ihrer Eintrittswahrscheinlichkeit und nach dem Ausmaß der Beeinträchtigung, bezüglich des Projektes, analysiert werden.

Bei der Identifizierung von Risiken ist es notwendig die Risiken zu unterteilen und klar zu definieren. Zu Beginn eines Projektes ist eine strukturierte Risikoanalyse erforderlich, um die Effektivität sicherzustellen. Eine Vielzahl von Sektoren, die in Projekten vorhanden sind, vereinfachen die Zuordnung projektspezifische Risiken. Potenzielle Risiken in Projekten können wirtschaftliche Risiken, politische Risiken, soziale Risiken, Entwicklungsrisiken oder Managementrisiken sein. Dennoch ist anzumerken, dass es keine klare Kategorisierung der möglichen Risiken gibt. Eine eindeutige Abgrenzung der Risiken ist in der Theorie als auch in der Praxis nicht immer möglich, da zwischen den Risiken eine enorme Abhängigkeit besteht.

3.1.2 Wirtschaftliches Risiko

Bei wirtschaftlichen Risiken handelt es sich um betriebsexterne Bedrohungen, dessen Auftreten im Unternehmen große Verlustgeschäfte verursachen können. Ein Risiko unterläuft im Vertragsmanagement mit eigenen Geschäftspartnern, wenn vertragliche Abkommen aus finanziellen, personellen oder technischen Gründen nicht eingehalten werden können. Die Globalisierung führte zu einer „Verschmelzung" weltweiter Märkte, weswegen u.a. Rohstoffe und Materialien aus verschiedenen Ländern beschafft werden. Eine globale Beschaffung führt zu einem komplexen Supply Chain Management in den Zulieferrisiken, wie Lieferengpässe, härtere Verhandlungen Seitens der Lieferanten, oder mangelnde Kommunikation verwaltet werden müssen. Weitere wirtschaftliche Risiken lassen sich anhand sämtlicher Umweltveränderungen darlegen, unternehmensexterne Veränderungen, wie z.B. der stetig wachsende Wettbewerb, beeinflussen den Erstellprozess von Gütern. Naturkatastrophen können dazu führen, dass z.B. aufgrund von Überschwemmungen Produktionen eingestellt werden müssen, was wiederum wirtschaftsschädliche Folgen hat.[12]

3.1.3 Politische Risiken

Aus externer und interner Sicht können politische Risiken, bezogen auf das Unternehmen, welche eng miteinander verbunden sind, betrachtet werden. Externe politische Risiken können u.a. Machtverschiebungen seitens politischer Führungen sein. Wird beispielsweise eine Handelsbarriere festgelegt und somit ein Verbot des Imports und Exports ausgesprochen, kann dies zu enormen Beeinträchtigungen im Wertschöpfungsprozess des eigenen Unternehmens führen, wenn wichtige Lieferanten nicht mehr vorhanden sind.

Ein betriebsinternes Risiko, wie z.B. ein Führungswechsel, sollten strategische Entscheidungen neu definiert werden, kann es im schlechtesten Fall zu einer Insolvenz führen. Und wenn mangelnde Kommunikation herrscht, erhöhen sich die Fluktuationen, durch einen neuen Führungsstil.[13]

---

[12]
Vgl.http://www.controllingportal.de/Fachinfo/Risikomanagement/Risikoidentifikation.html

[13]
Vgl.http://www.controllingportal.de/Fachinfo/Risikomanagement/Risikoidentifikation.html

3.1.4 Soziale Risiken

Hierbei wird weitestgehend die Unternehmenskultur umfasst. Es wird darauf geachtet, ob sich alle Mitarbeiter gleichermaßen mit der Unternehmenspolitik auseinandersetzen und identifizieren. Mangelnde Integration in die Organisation, setzt eine geringe Teamfähigkeit und fehlende Qualifikationen der Mitarbeiter voraus. Sind Mitarbeiter mit ihren Aufgaben überfordert, führt dies zu möglichen Frustrationen und unzureichender Leistung, was wiederrum zu unternehmerischen Misserfolgen führt.[14]

3.1.5 Entwicklungsrisiken

Entwicklungsrisiken sind unterteilt in technische-, Qualitäts-, Applikations- und Einführungsrisiken. Technische Risiken definieren Möglichkeiten, welche sich aus innovativen Technologien ergeben können. In diesem Fall wird untersucht, ob das Unternehmen mit seinen Produkten einem stetigen technischen Wandel ausgesetzt ist und über die notwendigen Qualifikationen verfügt, um diesem Wandel entgegenzuwirken.

Qualitätsrisiken weisen die Bedrohung auf, dass z.B. Lieferungen fehlerhaft oder nicht in der vereinbarten Qualität geliefert werden. Applikationsrisiken entwickeln sich aus der Kombination von Belegen, Stammdaten, Transaktionen und weiteren Anpassungsmaßnahmen. Das

---

[14] Vgl.http://www.controllingportal.de/Fachinfo/Risikomanagement/Risikoidentifikation.html

gefährlichste Applikationsrisiko ist der Zugriff Dritter auf unternehmensinterne Daten, sowie auf Kundendaten.

Einführungsrisiken machen sich bemerkbar, wenn beispielsweise keine ausreichende Analyse für die Einführungsphase eines neuen Produktes auf einem Markt erbracht wurde. Wenn ein starker Wettbewerb oder keine Nachfrage bezüglich des Produkts besteht, kann dies durchaus zum Scheitern der Produkteinführung führen.[15]

3.1.6 Managementrisiken

Managementrisiken beziehen sich nur auf das bevorstehende Projekt. Möglicherweise entwickeln sich Risiken, wenn die Projektleitung unzureichend ist, keine Teamarbeit zwischen Projektleiter und Teammitglieder herrscht, Termine und Fristen zeitlich nicht eingehalten werden, Koordinationsschwierigkeiten herrschen und Informationen durch mangelnde Kommunikation nicht ermittelt werden.[16]

---

[15] Vgl.http://www.controllingportal.de/Fachinfo/Risikomanagement/Risikoidentifikation.html

[16] http://www.controllingportal.de/Fachinfo/Risikomanagement/Risikoidentifikation.html

Abbildung 6: Risikoarten im Projekt[17]

3.1.7 Praxisbeispiel

In diesem Teil werden die drei Risikoarten; wirtschaftliches Risiko, Entwicklungsrisiken und Managementrisiken diskutiert und mit einem fiktiven Praxisbeispiel näher analysiert. Dabei soll das Problem visualisiert werden, somit die Betrachtung von jedem Risiko nicht gleichermaßen gewichtet werden kann.

Im folgenden Fall beauftragt ein europäisches Unternehmen, eine Anlage

---

[17] https://www.gotscharek-company.com/blog/risikoarten-im-projekt%E2%80%93wer-braucht- schon-risikomanagement.html

zur Herstellung von Reinigungschemikalien für die Brauereiindustrie errichten. Diese Anlage soll in Polen, in der Nähe eines Dorfes errichtet werden. Der ursprüngliche Zeitplan (tatsächliche in Klammern) lautete wie folgt:

	Ursprünglicher Zeitplan	Tatsächlicher Zeitplan
Vertragsunterzeichnung	3.Mai 2001	
Zugang zur Baustelle	20.Mai 2002	(20.April 2002)
Beginn der Edelstahlschweißung	10. April 2003	(14.April 2003)
Ende der Edelstahlschweißung	4. Juni 2003	(14.April 2003)
Inbetriebnahme	1.August 2004	(4.Dezember 2004)
Ende der Gewährleistungsperiode	31.Juli 2006	(3.Dezember 2006)

Tabelle 1: Zeitplan[18]

---

[18] In Anlehnung an Pinnells, R.,J./ Pinnells, E. (2007): Risikomanagement in Projekten, Seite 160.

Der Zugang zur Baustelle wurde erst am 20.August 2002 geschaffen. Der Grund für die 18- wöchige Verspätung, war die verspäte Zulieferung von Materialien verschiedener Lieferanten, die für dieses Projekt im Vorfeld ausgewählt wurden. Da die Liefertermine nicht eingehalten wurden, gab es Leerlaufzeiten auf dem Bau und somit musste das Unternehmen, die Arbeiter ohne vorhandene Arbeit trotzdem bezahlen. Durch die fehlende Betrachtung des eingetroffenen Risikos, entstehen Mehrkosten. Trotz schlechter Erfahrungen mit zwei der Lieferanten, wurde nicht konsequent für das neue Projekt für Ersatz gesorgt. Um ein solches Risiko zu identifizieren, gibt es Möglichkeiten wie die Auswertung von bereits abgeschlossenen Projekten, in denen zuvor mit gleichen Lieferanten zusammengearbeitet wurde. Hierbei ist eine Dokumentation der Projekte das Fundament, um auf Erfahrungswerte zurückgreifen zu können.

Ein weiteres Risiko, welches zum Verzug beitrug war das Einstellen der Bauarbeiten aufgrund von wiederkehrenden Anwohnerprotesten. Die Anwohner hatten Angst vor den Chemikalien die eventuell durch klimatische Bedingung oder eines Baupfusches, aus den Anlagen austreten könnten. Durch die anhaltenden Proteste und den negativen regionalen Berichterstattungen, war der Staat dazu verpflichtet Maßnahmen zu ergreifen, zumal das Projekt immer mehr an Wichtigkeit gewann. Das hatte für das Unternehmen zur Folge höhere Standards zu verwenden, welche wiederrum mit Mehrkosten verbunden waren. Eine solche Bedrohung führt u.a. zu Reputationsschäden. Um solche Proteste vorzubeugen, hätte das Unternehmen im Vorfeld mit Aufklärung bezüglich der umweltfreundlichen Anlage werben können.

Für das Projekt hatte das Unternehmen drei polnische mit deutscher Zertifizierung ausgebildete Edelstahlschweißer zur Verfügung. Der ursprünglich vorhergesehene Zeitraum war vom 10.April 2003 bis zum 4.Juni 2003. Aufgrund der 18-wöchigen Verlängerung waren die lokalen Schweißer (es gibt wenig Personal mit deutschen Qualifikationen in Polen) nicht verfügbar. Es wurden nun Schweißer aus Deutschland eingestellt, die durch weitere Konditionen, wie Anreise, Unterkunft und höhere Gehälter mehr Kosten verursachten. Die Verlängerung des Arbeitszeitraumes und das Einstellen weiterer Mitarbeiter sind finanzielle Risiken, welche eine direkte Auswirkung auf das geplante Budget haben. Eine Möglichkeit wäre gewesen, im Vorfeld zusätzliches Personal einzuplanen im Falle eines solchen Verzugs.

Abbildung 7: Risikomatrix[19]

---

[19] In Anlehnung an:
http://www.google.de/imgres?imgurl=http%3A%2F%2Fwww.compliance-net.de%2Fsystem%2Ffiles%2FRiskmatrix.png&imgrefurl=http%3A%2F%2Fwww.compliance-net.de%2Fnode%2F83&h=579&w=933&tbnid=khRH90jmD5OTlM%3A&docid=Nr1IG8UCTRf3s M&ei=49BFVrjODoGOa8y-nvgD&tbm=isch&iact=rc&uact=3&dur=335&page=1&start=0&ndsp=10&ved=0CDkQrQMwAWo VChMI-Mv99KyNyQIVAccaCh1Mnwc_

4 Werkzeuge zur Identifizierung von Projektrisiken

Der erste Schritt im Risikomanagement ist die Risikoidentifizierung um die Chancen für den Projekterfolg zu erhöhen. Denn nur erkannte Risiken können kontrolliert werden.[20] Um möglichst viele Risiken zu bestimmen sollten möglichst viele Menschen bei der Identifizierung mitwirken. Neben den Teammitgliedern werden oft auch externe Berater, erfahrene Personen oder Experten eingesetzt. Hierzu existieren in der heutigen Praxis bewährte Werkzeuge bzw. Strategien. Im Folgenden werden die beliebtesten Strategien vorgestellt. Diese werden nachfolgend auf analytische und kreative Methoden unterteilt.

Kreative Risikoidentifizierungsmethoden

4.1.1 1. Pondering (Gedanken)

Das Werkzeug ist eine unstrukturierte intuitive Methode, wobei ein Einzelner ausschließlich mit einfachsten Mitteln wie Papier, Stift und Projektunterlagen sich Gedanken über Chancen und Gefahren sowie ihre Ursachen macht. Mit dem Pondering verschaffen sich die verantwortlichen Personen bzw. Beteiligten einen ersten Überblick über mögliche Projektrisiken. Um etwas formaler zu arbeiten, kann Literatur oder Experteninterviews hinzugezogen werden. Die Delphi-Methode ist

---

[20] Risikomanagement bei PPP - A. Pfnür, Ch. Schetter, H. Schöbener (2010), GABLER, Seite35

an dieser Stelle passend zu erwähnen. Hierbei handelt es sich um eine Expertenbefragung, dessen Ergebnisse schriftlich festgehalten werden. Wichtig ist, dass diese Experten anonym und unabhängig voneinander befragt werden, um soziale oder fachspezifische Einflüsse zu vermeiden, was so viel bedeutet, dass Sie nicht zusammenarbeiten dürfen. Zum Interview gehören die Projektbeschreibung, Projektziele und die Formulierung der einzelnen Arbeitspakete. Anschließend werden die Schätzungen bzw. Prognosen der Befragten ausgewertet, um eine Grundlage zu weiteren Handlungen im Projekt zu schaffen.[21]

4.1.2 2. Pre-Mortem (Risikoszenarien)

Beim Pre-Mortem (lat. Vor dem Tod (des Projektes)) wird das Scheitern eines Projektes simuliert und alle Beteiligten müssen einen Risikogrund erarbeiten.[21] Der Vorteil dieser Methode ist hier, dass kein Teammitglied für das Scheitern des Projektes verantwortlich gemacht werden kann. Dadurch bleibt die Motivation des Einzelnen erhalten und Personen beteiligen sich aktiver an der Risikofindung.

Das Gegenstück zum Pre-Mortem ist das Post-Mortem-Verfahren (lat. Nach dem Tod (des Projektes)). Bei dieser Methode werden erst nach dem Scheitern eines Projektes die Ursachen analysiert. Der Nachteil hierbei ist, dass die Teammitglieder nach dem gescheiterten Projekt demotiviert sind und eigene Fehler ungern zugeben.

---

[21] Derivate im Risikomanagement, Christopher Huth (2012) - GABLER, Seite 30

4.1.3 3. Ideenfindung

Eine Variante des Pondering ist das Brainstorming. Hier werden von mehreren Personen gemeinsam Risiken gesucht und ausfindig gemacht. Ein Leiter moderiert die Sitzung, in der 30 Minuten lang Identifizierungen protokolliert werden. Eine längere Dauer hätte den Nachteil, unkonzentriert oder ineffizient zu wirken. Die Gruppe entwickelt eigene Ideen, in der alle Ideen weiterentwickelt werden. Der Moderator führt bei den Lösungsalternativen eine Auswertung durch und gruppiert diese entsprechend der Aspekte. Die Auswahl der einzelnen Mitglieder erfolgt unter Berücksichtigung ihres Fachwissens, Erfahrungen und Funktion in dem jeweiligen Projekt.

Zu dem Brainstorming gehört auch das Brainwriting, welches mehrere Techniken umfasst. In der Regel werden bei dieser Strategie hervorgebrachte Ideen besser durchdacht.[24] Jedoch wird kritisiert, dass die Spontanität, die beim Brainstorming gegeben ist, fehlt. Unbedachte Argumente werden eher in der Sitzung mündlich erwähnt, statt schriftlich festgehalten.

Eingegangen wird im Folgenden auf die Variante „Methode 635". Hierbei schreiben sechs Teilnehmer in fünf Minuten drei Ideen bzw. Risiken auf und reichen diese an den Sitznachbarn weiter. Danach folgt der zweite Durchgang, indem nun alle die bereits aufgeschriebenen Ideen jeweils um drei weitere ergänzt werden. Nach zwei bis drei maliger Wiederholung erhöht man die Gedenkzeit auf zehn Minuten. Nach insgesamt fünf Durchläufen hat man im Idealfall $6 * 3 * 5 = 108$ Risiken, welche ebenfalls kategorisiert werden. Bei mehrfach Nennungen von Risiken wird überprüft, ob vergleichsweise das gleiche gemeint ist, da die Teilnehmer verschiedene Ansichten bei einer gleichen Formulierung haben können. Mehrfach vorkommende Vorschläge werden einfach aussortiert.

4.2 Analytische Risikoidentifikationsmethoden

4.2.1 Checklisten

Grundsätzlich werden von den kreativen Identifizierungsmethoden wichtige Checklisten verwendet, welche aus Merkmalen, Schritten und bekannten Risiken aus dem Brainstorming oder aus früheren Projekten bestehen. Neben dem Vorteil, dass Risiken so von vornherein identifiziert werden können, besteht jedoch auch die Gefahr, dass die Erkennung neuer möglichen Risiken eingeschränkt wird.[22] Aus diesem Grund sollten auch Listen ständig Optimiert bzw. ergänzt werden, um bei zukünftigen Projekten eine bessere Identifizierung, durchführen zu können. Bestenfalls wird der Inhalt von Mitarbeitern, aus so vielen Abteilungen wie möglich, erstellt. Somit wirken zum Beispiel Betriebswirte, Konstrukteure, Einkäufer und Facharbeiter mit. Einer aus jeder Abteilung überprüft die entstandene Checkliste auf Vollständigkeit und ergänzt gegebenenfalls fehlende Kriterien. Da es allerdings keine komplette Ausführung von allen möglichen Risiken ist, darf es nicht als einzige systematische Risikoidentifikation betrachtet werden.

4.2.2 Dokumentationsüberprüfung

Neben den internen Informationen, aus z.B. Dokumenten alter Projekte aus dem eigenen Archiv, können auch externe Informationen hinzugezogen werden. So kann man Basispläne aus dem

---

[22] http://www.methode.de/dm/km/dmkm002.htm

Projektmanagementplan dazu nutzen, um Prognosen zu hinterfragen:

- Sind die Kosten und Dauer der einzelnen Aktivitäten im Projekt realistisch?
- Wie zuverlässig sind diese Prognosen?
- Sind bereits Unsicherheiten in Bezug auf Schätzungen erwähnt?

Auch wird als weitere Datenbank Qualitätspläne von Produkten und Einkaufsunterlagen einkalkuliert. Am hilfreichsten sind ähnliche Projekte, aus deren Entwicklungen sich wertvolle Erkenntnisse ableiten lassen. Akademische Studien eignen sich neben Projektdokumenten ebenso für die Auffindung von Risiken wie auch industriespezifische Studien, die passend zum Projektthema sind. Zur Risikoidentifikation können auch Gespräche mit Lieferanten, Kunden und Experten genutzt werden.[23]

4.2.3 SWOT-Analyse

Dieses Werkzeug, was gerne in der Betriebswirtschaftslehre bzw. im strategischen Management verwendet wird, unterstützt auch die Risikoidentifikation. Hierzu werden Stärken (**Strenghts**), Schwächen (**Weaknesses**), Chancen (**Opportunities**) und Risiken (**Threats**) einer Unternehmung, Organisation oder eines Produktes erarbeitet und verdeutlicht. Damit lassen sich Marktchancen oder Konkurrenzgefahren gezielt betrachten. Folglich bilden Sie eine solide Ergänzung zum Brainstorming. Beispiel SWOT Analyse: Ein

---

[23] http://suite101.de/article/werkzeuge-fuer-das-risikomanagement-in-projekten-

bekannter

Tabelle 2: SWOT-Analyse

Stärken	**Schwächen:**
• Gutes Image • Hoher Qualitätsstandart • Viele Referenzen bzw. Kontakte • Individuelle Gestaltung	• Keine IT- Kenntnisse • Kein Elektronikerfahrenes Personal • Hohe Produktionskosten • Kein Vertriebskanal
Chancen	**Risiken:**
• Günstige Kredite durch gutes Image • Steigende Nachfrage für vernetzte Technologien • Wachsendes Qualitätsbewusstsein der Konsumenten • Wachsender Markt in	• Nutzen wird nicht erkannt • Hohe Kosten für Produktionslinie • Günstige Alternativen vom • asiatischen Markt • Neue Anbieter im IT-

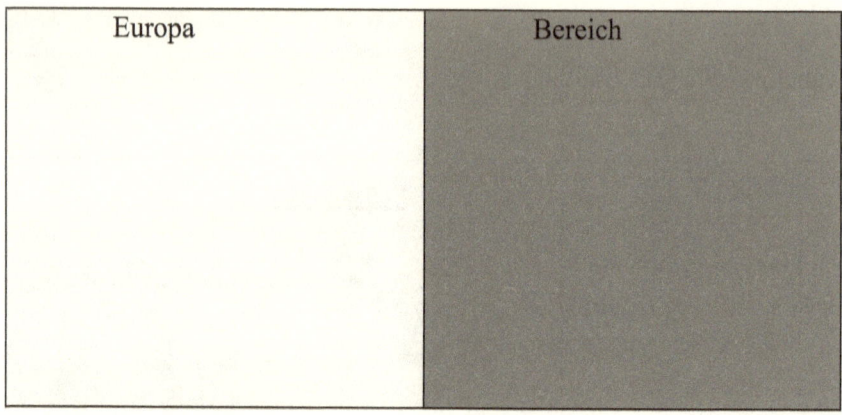

Tabelle 2: SWOT-Analyse

Hersteller für Luxusschreibwaren plant eine Kooperation mit Elektronikanbietern. Ziel ist die Herstellung eines Stiftes mit den geschriebenen Inhalten automatisch digital verfasst und auf eine vom Benutzer angelegte Online-Datenbank hochgeladen werden. Die Inhalte sind dann von allen Endgeräten (Computer, Smartphones, Tablets) synchronisier- und abrufbar.

Nun werden die Risiken aus der dargestellten SWOT-Analyse mit Hilfe der Stärken und Chancen vermieden bzw. eingeschränkt:

- Die günstigen Alternativen vom asiatischen Markt, können beispielsweise mit dem wachsenden Qualitätsbewusstsein der Konsumenten wiederlegt werden. Schließlich ist es für einen hohen Qualitätsstandard laut den ermittelten Stärken des Unternehmens bekannt.

- Gutes Image gibt Vorteile gegenüber neuen Anbietern auf dem Markt

- Das gute Image und die stabile Situation des Unternehmens ermöglichen die Kreditaufnahme zur Finanzierung der Produktionslinie.

4.2.4. Ursachen-Wirkungs-Analyse

Mithilfe von graphischen Darstellungen und deren Ursachen werden Projektmitgliedern Risiken verdeutlicht, da so Zusammenhänge besser verstanden werden können. Zusätzlich wird das Risikobewusstsein gestärkt.[24] Aus dem Qualitätsmanagement ist das kreativitätsfördernde Fischgrätendiagramm bzw. Ishikawa-Diagramm bekannt, welches von einer unerwünschten Situation aus auf eine Ursachen Analyse blickt.

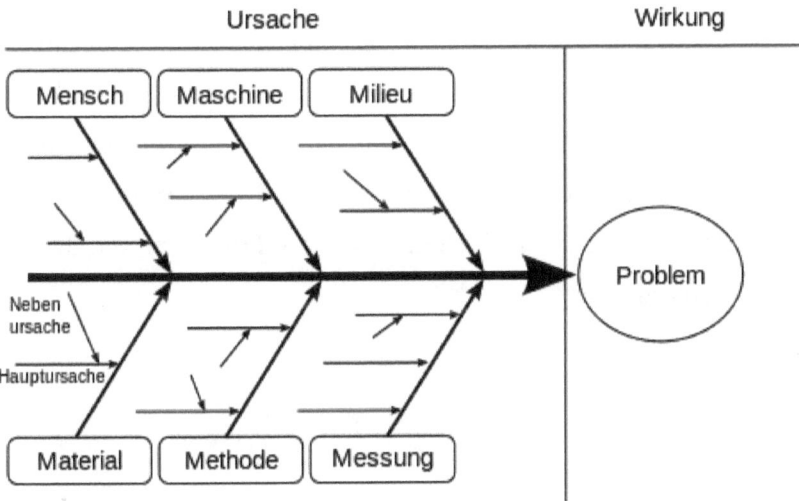

---

[24] Risikomanagement im Leasing - Christian Glaser (2015) - GABLER, Seite 396

Abbildung 8: Ursache-Wirkungsdiagramm[25]

Skizziert wird auf der rechten Seite des Fischskeletts das Problem. Von dort aus wird von rechts nach links gearbeitet. An den Fischgräten werden mehrere potenzielle Ursachen nach Kategorien und Unterkategorien aufgelistet. Die Ursachen werden mithilfe der 5W-Technik in den Fischkörper aufgegliedert. Bei der 5W-Technik wird das Problem so oft mit „Warum?" hinterfragt, bis eine logische und behebbare Ursache gefunden wurde.

Auch in der Produktion wird es zu Problemlösungen genutzt, wobei die 7M als Hauptkategorien dienen (Management, Mensch, Maschine, Material, Methode, Mitwelt, Messung). Dazu passt analog im Projektmanagement die Unterteilung nachfolgenden Arten: Rechtliche, terminliche, finanzielle, technische Risiken, Managementrisiken und Risiken des Umfeldes. Eine computerunterstützte Alternative bilden Softwareprogramme, die auf einfachste Art und Weise dem Nutzer helfen sogenannten Mindmaps zu erstellen, um das Projekt in verschiedene Bereiche zu zerlegen.[26]

---

[25] Kent Bauer: *KPI Identification With Fishbone Enlightenment*. In: *DM Review*. Vol. 15, Issue 3, März 2005, ISSN 1521-2912, S. 12.

[26] http://disziplean.de/5-mal-warum-fragen-dreckiger-lichtschalter/

5 Maßnahmen im Umgang mit Risiken im Projektmanagement

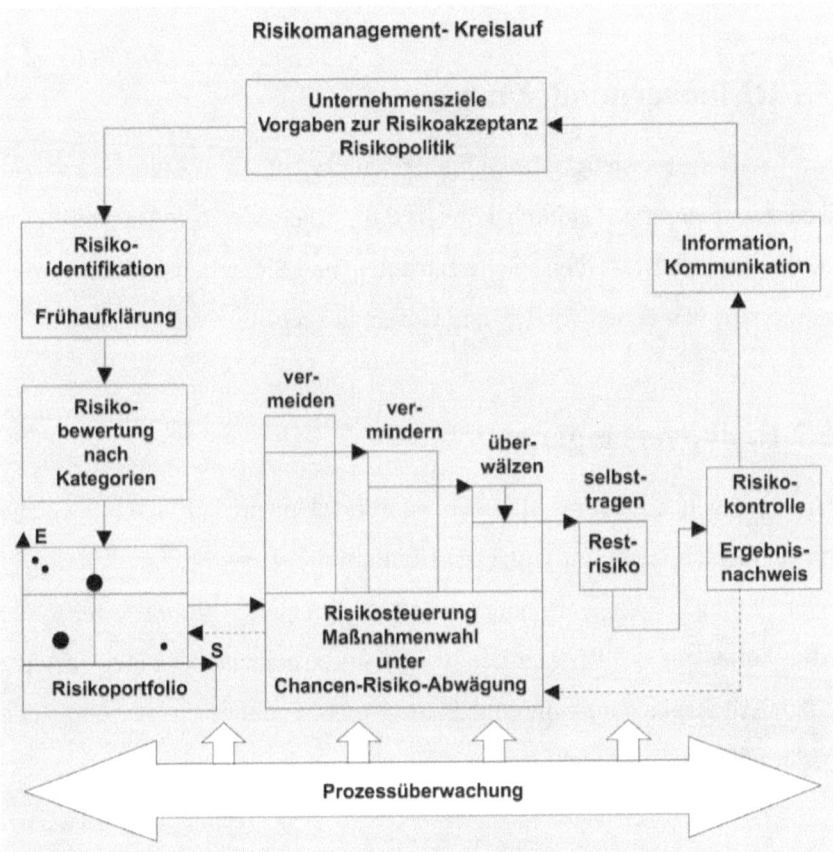

Abbildung 9: Risikomanagement – Kreislauf

Nachdem nun die Arten der Projektrisiken und die Werkzeuge und Strategien zur Identifizierung von Risiken in Projekten vorgestellt wurden, werden im Folgenden Möglichkeiten im Umgang mit Risiken im Rahmen des Projektmanagements aufgeführt. In der oberen Grafik sind diese Umgangsformen als „Risikosteuerung" bezeichnet. Wie zu sehen ist, gibt es vier grundlegende Möglichkeiten im Umgang mit Projektrisiken: Risikovermeidung, Risikoverminderung, Risikoabwälzung und die Akzeptanz des Risikos und somit das eigene Tragen der Konsequenzen.

5.1 Risikoverminderung

Sie verbessert stetig die Qualität und enthält Maßnahmen zur Risikovorbeugung. Dadurch können das Projektziel vor Auswirkungen der Risiken erlöst werden. (Schwachstellen und Sicherheitslücken werden minimiert, von denen vorstellbare Gefahr ausgeht.)

5.2 Risikoverringerung

Hier werden „größere" Risiken, durch „kleinere" Risiken (welche unwahrscheinlicher sind), ersetzt, wodurch die Auswirkungen verringert oder gar gänzlich verhindert werden. Beispiele hierfür sind: „die Mitarbeiter auf die Risiken der jeweiligen Arbeitspakete hinzuweisen", „den Arbeitsplatz umzugestalten" und „das Fachwissen der einzelnen Mitarbeiter auszubauen".

5.3 Risikoabwälzung

Fallen in Projektphasen viele Risiken an, können diese an Dritte übertragen-/ übergeben werden, wodurch das Ziel, die Risiken mit Hilfe von Vereinbarungen und Verträgen, bei Eintritt für Schäden haftbar gemacht werden können.[27]

---

[27] Vgl. http://www.manager-wiki.com/strategieumsetzung/54-risikomanagement

5.4 Risikoakzeptanz

Zuerst einmal treten Risiken in Projekten auf und können nicht einfach verschwinden (können auch nicht dagegen etwas tun). Risiken sollten niemals ganz unterschätzt werden, wobei solche mit geringeren Folgen/ Eintrittswahrscheinlichkeiten akzeptiert werden können. Oftmals sind Projekte auch von äußeren Umständen abhängig. Deshalb muss damit jederzeit gerechnet und die Folgen akzeptiert werden.

6 Einführung des Risikomanagements in das Projektmanagement

Hier wird der Aufbau bzw. die Durchführung des eigenen Projektmanagements aufgezeigt. Das heißt, dass die Risiken identifiziert, bewertet und dann bearbeitet und überwacht werden.

6.1 Risikobeauftragter

Erst Mal kann es sinnvoll sein, einen Risikobeauftragten für das anstehende Projekt zu bestimmen. Dabei übernimmt er die Aufgaben, die Risiken zu überwachen und Handlungsweisen für die Projektleitung (welche immer noch verantwortlich für das gesamte Projekt ist) anzugeben, damit Risiken rechtzeitig erkannt und analysiert werden können. Zudem bildet er eine Zweitmeinung zu den Managemententscheidungen aus Perspektiven der Chancen und Risiken und muss in der Lage sein, die Einzelheiten über das Projekt zu kennen und mit fachlichen Methoden eingreifen zu können. Grundlage ist Risikokommunikation und Risikokultur innerhalb des Unternehmens und ein Vertrauen zwischen Eigener und Manager.[28]

---

[28] Vgl. http://www.projektmanagementhandbuch.de/projektplanung/risikomanagement/

6.2 Risikokultur

Risiken dürfen nicht ignoriert werden! Damit die Risiken rechtzeitig wahrgenommen werden können, ist eine richtige Einstellung der Beteiligten erforderlich. Sie ist die Gesamtheit der Normen, Einstellungen und Verhaltensweisen einer Bank in Bezug auf Risikobewusstsein, Risikobereitschaft und Risikomanagement sowie Kontrollen, die Risikoentscheidungen gestalten. Die Entscheidungen des Managements und der Mitarbeiter bei ihrer täglichen Arbeit werden von Risikokulturen beeinflusst und hat Auswirkungen auf die Risiken, die sie eingehen.

Die vier Indikatoren hierfür sind:

1. die Leitungskultur (Tone from the Top),
2. Verantwortlichkeiten der Mitarbeiter (Accountability),
3. offene Kommunikation und kritischer Dialog (Effective Communication and Challenge)
4. angemessene Anreizstrukturen (Incentives)

6.3 Identifikation und Bewertung

Durch verfügbare Werkzeuge können die neu identifizierten Risiken bewertet werden. Dazu dient zum einen die Risiko-Matrix. Hierbei werden auf die beiden Achsen die Eintrittswahrscheinlichkeit und die Höhe der Auswirkung eingetragen. Durch die unterschiedlichen Zonen der Matrix wird die Höhe des Gesamtrisikos ermittelt, auch darauf, wie auf das bestehende Risiko eingegangen werden sollte.

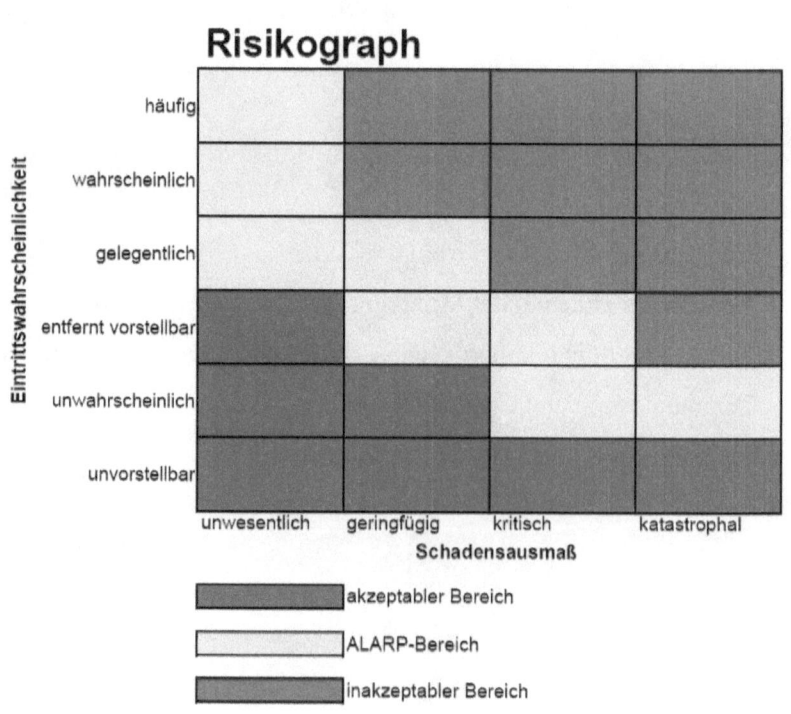

Abbildung 10: Risikograph nach EN 60601

Sowohl die Identifizierung als auch die Bewertung ist durch Personen individuell abhängig. Wenn weitere Personen in die beiden Aspekte miteinbezogen werden, ist die Risikoabschätzung dementsprechend einfacher. Es kann auch eine Checkliste angefertigt werden, welche dann stets aktualisiert werden muss um Vorabentscheidungen bzgl. der Risiken treffen zu können.

6.4 Risikostrategie und Maßnahmen

Mögliche Risikostrategien zur Bewältigung von Risiken:

Risikovermeidung	(Vorhaben stoppen → auf null senken)
Risikoverminderung	(Qualitätsmanagement, Ausmaß minimieren)
Risikobegrenzung	(definierte Obergrenzen)
Risikoabwälzung	(Versicherung)
Risikoakzeptanz	(Übernahme von Risiken)

Nun wird eine bestimmte Strategie und die daraus resultierenden Maßnahmen der vorherigen Bewertung angeknüpft.[29]

6.5 Maßnahmen auf die eintretenden Risiken

Die richtige Planung für Maßnahmen setzt ein sehr gutes Fachwissen voraus, da es meist schwierig zu planen ist. Daher ist es gut, mit einer Risikocheckliste zu arbeiten. Meistens werden die geringsten Risiken einfach akzeptiert, da für solche „kleinen" Risiken der Aufwand nicht lohnenswert ist. Umso größer das Risiko erscheint, desto besser sollte man

---

[29] Vgl. http://www.manager-wiki.com/strategieumsetzung/54-risikomanagement

darauf vorbereitet sein, um das Risiko zu verringern oder ganz zu vermeiden.

Auswirkungen mit schweren Maßnahmen sind mit sogenannten Korrektivmaßnahmen (Notfallschutz) zu planen, die in Kraft treten, wenn die Risiken nicht mehr vermeidbar sind. Jedoch ist diese Maßnahme ziemlich teuer, deshalb werden diese nur für die absoluten Notfälle verwendet.[30]

6.6 Risikoüberwachung

Bei der Risikoüberwachung wird, wie der Name schon erahnen lässt, die möglichen Risiken überwacht. Welches Risiko könnte wann eintreten! Da sich Risiken auch in einem schleichenden Prozess, von niedriger Gefahr zu weitaus größeren Gefahren entwickeln können, werden diese hierdurch „schnell" überwacht. Durch solche ... sollte auf jeden Fall eine Überwachung im Projekt installiert sein, um die Situationen unter Kontrolle zu haben.

---

[30] Vgl. http://www.projektcontroller.de/material/material/Risikomanagement_in_Projekten.pdf

7 Konklusion

Die Entwicklung in dieser Projektarbeit hat gezeigt, dass man mit einem gut geführten Risikomanagement das Eintreten der Risiken durchaus minimieren oder auch vermeiden kann. Einzig was hierbei anfallen könnte, wären hohe Kosten und der hohe Zeitaufwand, denn dadurch würden auch wichtige Punkte in den Hintergrund geraten, evtl. nicht mitberücksichtigt werden. Alles in allem ist Risikomanagement dennoch wichtig, denn man sollte alles dafür tun, um alle Gefahren größtmöglich kontrollieren und steuern zu können. Zum Anfang wurde, dass Ziel gesetzt, dem Leser darzustellen, wie man Risiken in Projekten erkennen, lokalisieren und auf eintretende Probleme richtig zu reagieren sollte. Im Hauptteil wurden anhand von praxisnahen Beispielen, verschiedene Möglichkeiten aufgezeigt, Risiken zu identifizieren und zu bewerten. Außerdem wurden Möglichkeiten aufgezeigt, wie mit diesen Risiken umgegangen werden kann. Es wurden die wichtigsten Bereiche des Risikomanagements präsentiert und erläutert, die den Kommilitonen helfen sollen, Risiken zu identifizieren, zu analysieren, zu bewerten und mit ihnen richtig umzugehen. Hinsichtlich wurden die wichtigsten Gesichtspunkte zur Einführung eines Risikomanagements mit modernen Risikomanagementwerkzeugen erklärt, so hat der Leser eine Übersicht bekommen, wie er mit dem Risikomanagement in einem einem Projekt zu beginnen hat. Abschließen gibt es noch Empfehlungen, die zum äußerst erfolgreichen Risikomanagement in Projekten verhelfen sollen:

- Risiken in Projekten dürfen unter keinen Umständen vernachlässigt werden. Risiken sollte man im Griff haben, weil es ein grundlegender Aspekt ist, um Projekte erfolgreich zu leiten.

- Projektrisiken dürfen nicht vollständig vermieden werden, ansonsten kann es unter Umständen passieren, dass man Chancen ungenutzt lässt. Denn Risikomanagement bedeutet gleichzeitig auch Chancenmanagement.

- Da das Projekt permanenten Veränderungen und Entwicklungen unterliegt, sollte auch das Risikomanagement ständig verbessert und angepasst werden. So wird eine schnelle Reaktionsfähigkeit auf Probleme im Verlauf des Projektes gewährt.

- Das ermitteln von Risiken in einem Projekt verschafft einen optimalen Überblick über die einzelnen Gebiete, welche berücksichtigt werden müssen. Daher sollten Entscheidungen erst nach der Ermittlung der Projektrisiken beschlossen werden.

- Das Risikomanagement sollte in einem Projekt fest eingebunden und strukturiert sein. Risiken sollten immer gut besprochen und transparent aufgeführt werden sein. Eine gute Kommunikation ist daher auch an dieser Stelle eines Projektes hochgradig wichtig. Jeder der an einem Projekt mitwirkt sollte sich an die getroffenen Vereinbarungen halten.

Quellenverzeichnis

- https://www.ostfalia.de/export/sites/default/de/pws/meyer/lehrveranstaltungen/ma_projektmanagement/projektmanagement_unterlagen/Folien_Risikomanagement.pdf

- Vgl.https://www.pst.ifi.lmu.de/lehre/WS0607/pm/vorlesung/PM-08-Risiko-Aenderung-Konfiguration.pdf
- **Jan-MArtin Wiarda, 24. Mai 2012** DIE ZEIT Nr. 22/2012

- http://www.wiley-vch.de/books/sample/3527505431

- Vgl.https://www.ihk-berlin.de/blob/bihk24/produktmarken/Service-und-Beratung/Innovation/Praxistipps_Innovation_und_Wissenschaft/Download/2263332/62353bd3873e1faf64069e3953fe7ecd/Prozesse_des_Risikomanagements-data.pdf, Seite 21

- *http://e-journal-of-pbr.info/wiki/images/d/d1/WI10A_GlHeKaRoSc_Risikomatrix.png*

- Vgl.https://www.risknet.de/wissen/glossar/risikomanagementprozess/68ad74a5f5f3fe78105b1207b6511d27/?tx_contagged%5Bsource%5D=default

- Vgl.https://www.risknet.de/wissen/glossar/risikostrategie/daeb39dce812f5f391bcbe84cb3be0c2/?tx_contagged%5Bsource%5D=default

- Risikomanagementsystem im Unternehmen: Grundlagen mit zahlreichen Beispielen, Repetitionsfragen und Antworten – Bruno Wiederkehr, Rita- Maria Züger Compendio Bildungsmedien AG - 2010 - S.29

- DIN IEC 62198 Risikomanagement für Projekte Anwendungsleitfaden

- https://www.risknet.de/wissen/risk-management-prozess/

- Vgl.http://www.controllingportal.de/Fachinfo/Risikomanagement/Risikoidentifikation.html
- Vgl.http://www.controllingportal.de/Fachinfo/Risikomanagement/Risikoidentifikation.html
- Vgl.http://www.controllingportal.de/Fachinfo/Risikomanagement/Risikoidentifikation.html
- Vgl.http://www.controllingportal.de/Fachinfo/Risikomanagement/Risikoidentifikation.html

- http://www.controllingportal.de/Fachinfo/Risikomanagement/Risikoidentifikation.html

- https://www.gotscharek-company.com/blog/risikoarten-im-projekt%E2%80%93wer-braucht-schon-risikomanagement.html

- In Anlehnung an Pinnells, R.,J./ Pinnells, E. (2007): Risikomanagement in Projekten, Seite 160.

- In Anlehnung an: http://www.google.de/imgres?imgurl=http%3A%2F%2Fwww.compliance-net.de%2Fsystem%2Ffiles%2FRiskmatrix.png&imgrefurl=http%3A%2F%2Fwww.compliance-net.de%2Fnode%2F83&h=579&w=933&tbnid=khRH90jmD5O

TlM%3A&docid=Nr1IG8UCTRf3s
M&ei=49BFVrjODoGOa8y-
nvgD&tbm=isch&iact=rc&uact=3&dur=335&page=1&start=0&
ndsp=10&ved=0CDkQrQMwAWo VChMI-
Mv99KyNyQIVAccaCh1Mnwc_
- Risikomanagement bei PPP - A. Pfnür, Ch. Schetter, H. Schöbener (2010), GABLER, Seite35

- Derivate im Risikomanagement, Christopher Huth (2012) - GABLER, Seite 30

- http://www.methode.de/dm/km/dmkm002.htm
- http://suite101.de/article/werkzeuge-fuer-das-risikomanagement-in-projekten-

- Risikomanagement im Leasing - Christian Glaser (2015) - GABLER, Seite 396
- Kent Bauer: *KPI Identification With Fishbone Enlightenment.* In: *DM Review.* Vol. 15, Issue 3, März 2005, ISSN 1521-2912, S. 12.

- http://disziplean.de/5-mal-warum-fragen-dreckiger-lichtschalter/

- Vgl. http://www.manager-wiki.com/strategieumsetzung/54-risikomanagement

- Vgl. http://www.projektmanagementhandbuch.de/projektplanung/risikomanagement/

- Vgl. http://www.manager-wiki.com/strategieumsetzung/54-risikomanagement

- Vgl. http://www.projektcontroller.de/material/material/Risikomanagement_in_Projekten.pdf

Tabellenverzeichnis

Tabelle 1: Zeitplan.. 23
Tabelle 2: SWOT-Analyse 32

Darstellungsverzeichnis

Abbildung 1: Risikomatrix 7
Abbildung 2: Prozess Risikomanagement 9
Abbildung 3: 4-Schritte des Risikomanagementprozesses 11
Abbildung 4: Risikoanalyse 13
Abbildung 5: Punktesystem 14
Abbildung 6: Risikoarten im Projekt 22
Abbildung 7: Risikomatrix 25
Abbildung 8: Ursache-Wirkungsdiagramm 34
Abbildung 9: Risikomanagement - Kreislauf 35
Abbildung 10: Risikograph nach EN 60601 40

Erklärung

Hiermit erkläre ich, dass ich die vorliegende Arbeit selbstständig und ohne unzulässige Hilfe Dritter und ohne Benutzung anderer als der angegebenen Hilfsmittel angefertigt habe.

Die aus anderen Quellen direkt oder indirekt übernommenen Daten und Konzepte sind unter Angabe der Quelle gekennzeichnet. Dies gilt auch für Quellen aus eigenen Arbeiten.

Ich versichere, dass ich diese Arbeit oder nicht zitierte Teile daraus vorher nicht in einem anderen Prüfungsverfahren eingereicht habe.

Mir ist bekannt, dass meine Arbeit zum Zwecke eines Plagiatsabgleichs mittels einer Plagiatserkennungssoftware auf ungekennzeichnete Übernahme von fremdem geistigem Eigentum überprüft werden kann.

Ich versichere, dass die elektronische Form meiner Arbeit mit der gedruckten Version identisch ist.

XXX Datum, Unterschrift:	XXX Datum, Unterschrift:

Impressum

Online Marketing Agentur

Inh: Viktor Ovseenko

Pestalozzistr. 29a

50767 Köln Telefon:

+49 159 0848 1188 E-Mail: viktor.ovseenko@web.de

Steuernummer: 223/5220/2837

www.ingramcontent.com/pod-product-compliance
Lightning Source LLC
Chambersburg PA
CBHW030510220526
45464CB00006B/2739